LES ÉTRANGERS EN PICARDIE

LES PRINCES
DE SAVOIE-CARIGNAN

DERNIERS SEIGNEURS DE DOMART-SUR-LA-LUCE

Par ALCIUS LEDIEU

Archiviste municipal
Conservateur de la Bibliothèque d'Abbeville
Correspondant du Ministère de l'Instruction publique
Officier de l'Instruction publique

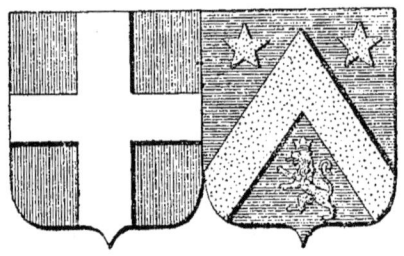

ABBEVILLE
IMPRIMERIE FOURDRINIER ET Cⁱᵉ
51 et 53, rue des Teinturiers

M. DCCC. XCII

LES PRINCES

DE SAVOIE-CARIGNAN

DERNIERS SEIGNEURS DE DOMART-SUR-LA-LUCE

PRINCIPAUX OUVRAGES DU MÊME AUTEUR

Notice sur un Manuscrit de la Bibliothèque communale d'Abbeville (Terrier du Ponthieu). — Amiens, 1882. In-8º.

Archives d'Abbeville. Inventaire analytique des dénombrements de seigneuries. — Amiens, 1884. In-8º.

Catalogue analytique des Manuscrits de la Bibliothèque d'Abbeville, précédée d'une Notice historique. — Abbeville, 1885. Gr. in-8º.

Bibliothèque communale d'Abbeville. Notice sur l'Évangiliaire de Charlemagne. — Abbeville, 1885. Gr. in-8º, 3 pl.

Illustrations contemporaines. Panthéon abbevillois. Boucher de Perthes; sa vie, ses œuvres, sa correspondance. — Abbeville, 1885. Gr. in-8º.

Panthéon abbevillois. Millevoye, sa vie, ses œuvres. — Abbeville, 1886, In-8º. Portr.

L'Imprimerie et la Librairie à Abbeville avant 1789; lecture faite au Congrès de la Société des Antiquaires de Picardie le 11 juin 1886. — Abbeville, 1887. In-8º.

La Vallée du Liger et ses environs. — Paris, 1887. In-8º. 12 pl.

Deux années d'invasion en Picardie. — Paris, 1887. In-8º.

La Somme cantonale. Moreuil et son canton. Paris, 1889. In-8º. Pl.

Monographie d'un bourg picard. L'histoire de Démuin depuis les temps les plus reculés jusqu'à nos jours. Paris, 1890, In-8º.

La guerre de Trente ans en Artois. Paris, 1890, in-8º.

Variétés picardes. Mélanges d'histoire et de bibliographie. Paris, 1892. In-8º.

Les Reliures artistiques et armoriées de la Bibliothèque d'Abbeville. — Paris, 1892. In-4º. Pl. et fig.

Le *Cabinet historique de l'Artois et de la Picardie.* Revue mensuelle d'histoire locale.

Le prince et la princesse de Savoie-Carignan
D'après une miniature de M. le Commandant H. Magon de la Giclais

LES ÉTRANGERS EN PICARDIE

LES PRINCES
DE SAVOIE-CARIGNAN

DERNIERS SEIGNEURS DE DOMART-SUR-LA-LUCE

Par ALCIUS LEDIEU

Archiviste municipal
Conservateur de la Bibliothèque d'Abbeville
Correspondant du Ministère de l'Instruction publique
Officier de l'Instruction publique

ABBEVILLE

IMPRIMERIE FOURDRINIER ET Cie

51 et 53, rue des Teinturiers

M. DCCC. XCII

L village de Domart-sur-la-Luce, d'une population de près de six cents habitants, fait partie des vingt-cinq communes qui composent actuellement le canton de Moreuil; il est situé à sept kilomètres de son chef-lieu, à vingt-trois de Montdidier, de l'arrondissement duquel il ressort, tandis qu'il ne se trouve qu'à seize kilomètres d'Amiens. La rue principale est formée par l'ancienne voie romaine de Noviodunum à Samarabriva.

A part quelques amateurs d'histoire locale, il est bien peu de personnes aujourd'hui qui savent que ce village a eu pour derniers seigneurs deux princes de la maison de Savoie, de la famille actuellement régnant en Italie. C'est nous qui, le premier, avons fait connaître dans le *Cabinet historique de l'Artois et de la Picardie*[1] l'acte de décès du prince Eugène de

---

1. IIIe année, mai 1888, p. 24.

Savoie-Carignan, que nous avions relevé sur les registres de sépulture de l'église de Domart-sur-la-Luce. Il est permis de supposer que la publication de cet acte n'a point été étrangère à l'exhumation du prince en 1889, et à la pose de la plaque de marbre qui se voit depuis cette époque dans l'église de Domart.

Le prince de Carignan, connu en France sous le nom de comte de Villefranche, était frère de l'infortunée princesse de Lamballe.

Tout, dans la vagabonde et courte existence du prince semble être enveloppé de mystère. Nous avons voulu, dans cette notice, essayer de lever un coin du voile qui couvre la vie de ce personnage. Nous nous sommes entouré des documents les plus authentiques, puisés aux sources les plus diverses.

Qu'il nous soit permis d'adresser ici tous nos remerciements les plus sincères aux personnes qui ont bien voulu s'intéresser à nos recherches; nous citerons en première ligne notre sympathique confrère, M. E.-N. Fleury, conservateur de la bibliothèque de Saint-Malo, qui nous a fourni de très précieux renseignements avec un empressement et une amabilité dont nous lui sommes vivement reconnaissant. M. le commandant H. Magon de la Giclais, petit-neveu de la princesse de Carignan, a mis gracieusement à notre disposition le résultat des recherches qu'il a faites sur sa famille. M. A. Labitte, ancien notaire, qui habite aujourd'hui le château dans lequel est décédé le prince de Carignan, et M. le baron P. de Brécourt, capitaine au 3e chasseurs, doivent aussi avoir part à toute notre gratitude pour l'utile concours qu'ils nous ont prêté.

LES SAVOIE-CARIGNAN

DERNIERS SEIGNEURS DE DOMART-SUR-LA-LUCE

Eugène-Marie-Louis-Hilarion de Savoie-Carignan, né à Turin le 21 octobre 1753, était le septième enfant et le second des garçons de Louis-Marie-Victor de Savoie et de la princesse Christine-Henriette de Hesse-Rheinsfeld ; il avait pour frère et sœurs : 1° Victor-Amédée-Louis-Marie-Wolfgang, né le 31 octobre 1743, marié le 18 octobre 1768 à Marie-Thérèse-Josèphe de Lorraine, princesse d'Elbeuf ; 2° Charlotte-Marie-Louise, née le 17 août 1742, morte le 8 février 1797 ; 3° Léopoldine-Marie, née le 21 décembre 1744 ; 4° Polixène-Marie-Anne, née le 31 octobre 1746, morte à Turin le 20 décembre 1752 ; 5° Gabrielle-Marie, née le 17 mars 1748 ; 6° Marie-Thérèse-Louise, née le 8 septembre 1749 ; 7° N..., née le 3 avril 1762.

L'une des sœurs du prince Eugène, Marie-Thérèse-Louise, épousa le 31 janvier 1767 dans l'église de la petite ville de Nangis (Seine-et-Marne), Louis-Alexandre-Joseph-Stanislas de Bourbon, prince de Lamballe, né le 6 septembre 1747, fils du duc de Penthièvre et de Marie-Félicité d'Este. Cette union ne devait être ni heureuse ni de longue durée. Moins de six mois après son mariage, le prince de Lamballe s'adonnait à la débauche et, le 6 mai 1768, il succombait au château de Luciennes, près de Versailles.

Le duc de Penthièvre conjura sa bru de ne point l'abandonner; c'est à Rambouillet, entre son beau-père et sa belle-sœur, la future duchesse de Chartres, que la princesse de Lamballe passa les premiers temps de son veuvage. En 1771, elle se lia intimement avec la dauphine, Marie-Antoinette; cette amitié ne fit que croître d'année en année et, en 1774, après l'avènement du dauphin au trône de France, Madame de Lamballe apparaît comme jouissant de toute la faveur de la jeune reine; elle en profita pour faire établir l'un de ses frères en France.

En effet, dans les premiers jours de janvier 1775, le prince Eugène de Savoie obtenait du roi une pension annuelle de trente mille livres et le commandement d'un régiment d'infanterie. Les ministres s'étaient jusque là opposés à ce que cette mesure fût prise; mais la reine, pour donner satisfaction à sa favorite, obtint de la complaisance du roi qu'il fît droit à sa demande. Pour écarter toute opposition nouvelle, Louis XVI ne prit, à ce sujet, l'avis d'aucun de ses ministres[1].

La *Gazette de France* du 9 juin 1775 annonça en ces termes l'arrivée du prince de Carignan avec ses deux fils, le prince Victor-Amédée[2] et le prince Eugène : « Le prince de Carignan, le prince Victor et le prince Eugène, ses fils, qui voyagent ici sous les noms de marquis de Marène, de comte

---

[1]. Georges Bertin, *La princesse de Lamballe*, p. 56 (Paris, 1888, in-8°); cet ouvrage, auquel nous ferons de fréquents emprunts, contient un certain nombre de détails sur le prince de Carignan; quelques-uns d'entre eux sont erronés ; nous les rectifierons.
[2]. La femme de ce dernier faisait aussi partie du voyage.

de Salussole et de comte de Villefranche, ont été présentés au roi, à la reine et à la famille royale, le même jour, par le comte de Viry, ambassadeur de Sardaigne en cette cour, et conduits par le sieur la Lire de la Briche, introducteur des ambassadeurs. »

A propos de ce voyage, les papiers du duc de Penthièvre, déposés aux Archives nationales, contiennent des détails fort intéressants (K, 161, n° 4), qu'en a extraits M. Bertin, et que nous croyons devoir reproduire en entier.

« En juin 1775, M. le prince de Carignan, père de Mme de Lamballe, deux fils et la belle-fille de M. le prince de Carignan sont arrivés à Paris incognito sous les noms de marquis de Maraine, comte et comtesse de Salussole et comte de Villefranche; Mme de Lamballe alla au-devant d'eux parce que M. son père y estoit; elle les rencontra dans Paris. M. de Carignan et son second fils montèrent dans la voiture (Mme de Lascase, dame de compagnie de Mme de Lamballe, monta dans la voiture de M. de Carignan pour lui faire place dans celle de Mme de Lamballe) avec elle à l'hôtel de Toulouze. M. et Mme de Salussole montèrent dans la voiture de Mme de Brionne (mère de Mme de Salussole), et vinrent quelque temps après chés Mme de Lamballe. M. de Penthièvre les vit tous chés Mme de Lamballe. M. de Penthièvre a fait trouver les battants ouverts autant qu'il a pu, mais il les a fait ouvrir quand ils n'ont pas pu l'estre avant que MM. les princes de Carignan arrivassent. Ce même soir, M. le prince de Carignan et son second fils soupèrent chés M. de Penthièvre; il évita toujours de prendre la main sur eux ni de la leurs donner et se servit à cet effet du moyen de les prier de vouloir bien servir d'écuyers à sa belle-fille ; il reconduisit Mme la comtesse de Salussole jusques à sa voiture et la vit partir; il alla le lendemain la voir ainsi que tous MM. les princes de Carignan (Tous les princes ont rendu à MM. de Carignan les visites qu'ils avoient reçues d'eux. Les princesses ne les ont point salués, ils ne se sont pas présentés pour l'estre. Mme de Lamballe avoit salué les princes de Suède et de Saxe-Wemar. Lorsqu'ils ont soupé au Palais-Royal, M. le duc d'Orléans a pris le pas sur eux, avec égard et politesse; M. de Penthièvre, qui y estoit, a passé immédiatement après M. le duc d'Orléans). Mme de Lamballe alla voir M. son père et Mme sa belle-sœur. Le 2 juillet, MM. les princes de Carignan et Mme de Salussole ont soupé chés M. de Penthièvre dans l'appartement de Mme de Lamballe. On verra les personnes qui y estoient sur le plan ci-joint de ce souper; c'estoit Mme de Lamballe, qui avoit fait faire les invitations par des pages, aux dames, à M. de Lambesc et à des personnes de la maison de Rohan qui n'ont pu venir ni les uns ni les autres. (C'est aussi un page qui a esté chés l'ambassadeur de Sardaigne) et aux autres hommes par des gens de livrée (ce sont des pages qui y ont esté, mais c'est par erreur). Elle avoit invité elle-même ses parents en les voyant à cet effet dans le courant de la société. M. de Penthièvre avoit dit précédemment à Mme la comtesse de Brionne, Mme de Salussole et Mlle de Loraine, dans une visite de société rendue de sa part à Mme de Brionne, qu'il espéroit qu'elles voudroient bien venir souper à l'hôtel de Toulouze. Il a esté dit aux dames que Mme de Lamballe les prioit de vouloir bien venir souper chés elle et aux hommes qu'elle les prioit de venir souper chés elle. Le page a dû dire à l'ambassadeur de Sardaigne, à M. de Lambesc et aux hommes de la maison de Rohan que ma belle-fille l'avoit chargé de les prier à dîner de sa part pour tel jour. M. de Penthièvre s'est arrangé de manière qu'il n'a ni cédé ni pris le pas sur l'ambassadeur de Sardaigne et MM. de Carignan; Mme de Lamballe l'a pris sur tout le monde selon l'usage. L'ambassadrice de Sardaigne, qui ne soupoit point, est restée dans le salon. M. de Penthièvre a continué à voir MM. de Carignan en amitié soit chés eux soit chés lui.

« M. le Nonce avoit esté invité au souper, mais il ne put y venir, estant indisposé. Ce nonce étoit M. Doria, frère de M. Doria, qui avoit épousé une fille de M. le prince de Carignan.

« Tableau du souper donné chez M. de Penthièvre dans l'appartement de Mme la princesse de Lamballe à MM. les princes de Carignan et à Mme de Salussole le 2 juillet 1775, à Paris :

Côté du fond de la pièce.

Côté de la porte de l'antichambre.

Côté des croisées.

M. de Penthièvre.
Mad. la princesse de Ligne.
M. de Donezau.
Mlle de Loraine.

M. le marquis de Maraine et M. l'ambassadeur de Sardaigne, qui ne soupoient ni l'un ni l'autre, se sont assis alternativement à cette place, M. le marquis de Maraine le premier.

Mad. de Brionne.

Mad. la marquise de Guébriant.

Mad. la comtesse de Salussole.

M. le comte de Salussole.

Mad. la princesse de Lamballe.

Mad. la marquise de Lascases.

Mad. la comtesse de Clermont.

M. le comte de Villefranche.

Mad. la marquise d'Usson.

Mad. la marquise de Saluces.

Mad. d'Ossun.

Mad. la marquise de Montolon

Mad. de Talleyrand.

Côté du fond de la pièce.

M. le chevalier de Lastic.
M. le marquis de Saluces.
M. de Lamur.

Côté des croisées.

Côté de la cheminée et de la porte du cabinet.

« Au souper, donné à M. le prince de Carignan :

« Antichambre, point de girandoles ;

« Salles des colonnes, deux girandoles à quatre lumières ;

« Chambre ensuite, deux girandoles à quatre lumières ;

« Cabinet, quatre girandoles à cinq lumières des deux côtés des portes ;

« Cabinet, quatre girandoles à cinq lumières sur la cheminée et en face ;

« Gallerie, vingt-six girandoles à huit lumières ;

« Sans y comprendre les flambeaux ni les girandoles de la table. »

Selon toute probabilité, le voyage des princes de Carignan en France avait lieu dans le but de présenter le jeune colonel à la cour et de lui permettre de remercier la famille royale. Le régiment qu'il avait obtenu prit le nom de Savoie-Carignan, et fut formé le 26 avril 1775 avec les 2e et 4e bataillons de Touraine, nous apprend Susane. Ce nouveau régiment, organisé à Castelnaudary, quitta cette ville au mois de novembre 1776 pour se rendre à Maubeuge ; du mois de mai au mois de novembre 1779, il tint garnison à Granville, à Pontorson et à Avranches, et passa l'hiver à Aire et à Montreuil ; au mois de mai 1780, son 2e bataillon était réuni à Abbeville, et quittait cette ville au mois d'octobre suivant pour se rendre à Doûai. On retrouve le régiment de Savoie à Dunkerque en octobre 1781, à Béthune en octobre 1782, à Saint-Jean-d'Angély et à Rochefort en octobre 1783, à Arras en juillet 1783 et à Aire en novembre 1785.

A propos du séjour à Abbeville du 2e bataillon du régiment de Savoie-Carignan, nous devons à l'obligeance de M. P. de Brécourt la copie des documents suivants découverts par lui aux Archives départementales de la Somme (fonds de l'intendance de Picardie, C, 1262). La première pièce est un extrait d'une revue passée le 23 avril 1780 par le sieur Dupeuty, écuyer, commissaire des guerres à la compagnie de fusiliers de Culture[1] du 2ᵉ bataillon du régiment de Savoie-Carignan, infanterie, détachée à Amiens, pour servir de décompte d'une plus-value en argent qui, à défaut de pain de munition, devait être payée en argent. Cette compagnie était d'ailleurs employée pour ses appointements et solde ordinaire dans les revues et décomptes dudit régiment, qui était en garnison à Montreuil.

Une seconde revue — la revue de départ, — eut lieu le 13 mai suivant, et la compagnie quitta Amiens le lendemain pour se rendre à Ardres. L'effectif de cette compagnie était de cent dix hommes, non compris les officiers, dont : un sergent-major, un fourrier-écrivain, quatre sergents, dix caporaux, un frater et deux tambours.

La seconde pièce que nous signale M. de Brécourt est un procès-verbal du 20 septembre 1780 par Morantin fils, commissaire des guerres, fait devant M. de Bazonville, commandant pour le roi à Abbeville, des officiers du 2ᵉ bataillon de Savoie-Carignan qui devaient aller en semestre d'octobre 1780 à mai 1781. Les officiers qui restèrent au corps furent MM. de Champclos, capitaine en premier; de Puymirol, Durieu et de Sicard, capitaines en second; de Bergues et chevalier de Baillet, lieutenants en premier; de Mussey et chevalier de Bressoles, lieutenants en second; du Charlat, de Villers et de Julien, sous-lieutenants; Reynaud[2], porte-drapeau. Les officiers qui allèrent en semestre et qui

---

1. D'après *l'État militaire* de 1782, le sieur Culture, chevalier de Saint-Louis, était alors second capitaine-commandant du régiment de Savoie-Carignan.

2. Il n'est peut-être pas sans intérêt de faire connaître les états de service de quelques-uns de ces officiers en 1793 tels que nous les trouvons dans une publication de cette époque; toutefois, il ne restait plus que trois officiers du régiment de Savoie-Carignan dans le 34ᵉ régiment d'infanterie. Pierre-Sarras Raynaud, capitaine en 1793, était né à Grenoble le 15 mars 1741; il commença à servir comme soldat le 30 mai 1758, devint successivement sergent le 13 mai 1763, fourrier le 11 septembre 1763, porte-drapeau le 1ᵉʳ juin 1775, sous-lieutenant le 1ᵉʳ janvier 1789, lieutenant des grenadiers le 15 septembre 1791; il fit les campagnes de 1758 et 1759 en Corse, celle de 1761 sur terre et celle de 1762 en Hollande.

devaient ramener avec eux à leur retour deux hommes de recrues chacun furent : deux capitaines en premier, M. de Fabert, qui se retira à Metz, et M. de Galtier, alors absent par congé, qui se trouvait à Paris ou à Merves en Cévennes ; le chevalier de Chapuy, capitaine en second, qui se proposait d'aller à Montbrison ; M. de la Roque, capitaine en premier, qui demeura volontairement au corps ; deux lieutenants en premier, MM. de Saint-Florent et de Brunel, se retirèrent l'un à Saint-Ambroise en Cévennes, l'autre à Metz ; deux lieutenants en second partirent l'un à Crépy-en-Valois, l'autre à Marseille ; les sous-lieutenants de Mézières et de Pélerin[1] se retirèrent à Alais en Cévennes, de Harsen, à Bouzonville en Lorraine, et de Nougarède, à Castelnaudary en Languedoc.

M. de Rafin, lieutenant-colonel, se retira à Uzès en Languedoc.

Le 16 octobre 1780, une revue fut faite par le commissaire des guerres des quatre compagnies du 2e bataillon de Savoie-Carignan, qui devaient quitter Abbeville sur une route de la cour datée du 8 octobre ; l'effectif était de vingt-huit officiers, dont douze absents, et de quatre cent cinquante-huit hommes. Les compagnies de de Fabert, de Champclos et de Galtier étaient trois compagnies de fusiliers ; celle de de la Roque était une compagnie de chasseurs.

---

1. Antoine-Paul Pellerin, né à Danduze, district d'Alais (Gard), le 3 juin 1759, commença à servir comme volontaire le 15 octobre 1774, fut nommé sous-lieutenant à la suite le 27 juin 1775, titulaire le 10 mai 1777, lieutenant en second le 20 septembre 1783, lieutenant en premier des chasseurs le 1er février 1788, capitaine le 15 septembre 1791 ; il fit la campagne d'Amérique en 1791 et la campagne de 1792 sur terre.
Claude-Geoffroy de Petitbois, né le 21 décembre 1732 à Randon (Puy-de-Dôme), fils d'un bourgeois de cette localité, commença à servir comme soldat dans le régiment de Touraine le 15 mars 1756, devint sergent le 1er novembre 1758, fourrier le 11 novembre 1764, porte-drapeau le 1er mars 1770, sous-lieutenant le 15 juin 1776 dans ce même régiment, alors devenu Savoie-Carignan, lieutenant en second le 23 décembre 1783, lieutenant en premier le 1er juillet 1789, capitaine le 1er janvier 1791 ; il fit sur terre les campagnes de 1757, 1758, 1759, 1761, 1762 et 1779. En 1793, il était au dépôt en attendant que l'hôtel des Invalides lui fût accordé, ses infirmités le mettant dans l'impossibilité de faire son service.

Le prince de Carignan avait sous lui un colonel en second qui commandait réellement le régiment : c'était Jean-Jacques des Combeaux de la Motte, comte de Troussebois-Baillard, nommé en cette qualité le 26 avril 1775 ; il obtint le grade de brigadier le 5 décembre 1781. Le lieutenant-colonel du prince était Pierre-Jean d'Isarn de Saint-Léon de Cambou, d'abord lieutenant dans le régiment de Touraine en 1734, puis lieutenant-colonel le 4 mars 1767 ; il passa avec son grade dans Savoie-Carignan et devint brigadier le 1er mars 1780[1], époque à laquelle il fut remplacé par M. de Rafin, auparavant major du régiment de Savoie-Carignan.

De 1776 à 1779, le régiment de Savoie-Carignan, voyons-nous dans le précieux ouvrage du général Susane, eut collet, revers et parements rouge piqués de blanc et les boutons blancs. De 1779 à 1785, il fut distingué par les revers et les parements jonquille et les boutons jaunes. On n'a pas retrouvé les drapeaux qu'il avait de 1775 à 1785.

Le prince de Carignan fut, à une date que nous n'avons pu retrouver, nommé brigadier des armées du Roi ; on sait que ce grade, créé en 1667, conférait à l'officier qui en était revêtu le pouvoir de commander une brigade, mais il ne tirait son autorité que des lettres de service qui lui étaient données ; il était subordonné aux maréchaux de camp et aux lieutenants généraux.

C'est durant son séjour en Bretagne que le prince de Carignan fit la rencontre d'une jeune fille dont il devint éperdûment épris.

Si l'on en croit la tradition, cette rencontre a quelque chose de tout à fait romanesque, dont il ne nous est point permis de ne pas tenir compte.

Pendant des manœuvres qui eurent lieu aux environs de Saint-Malo, nous écrit M. le commandant H. Magon de la Giclais, le comte de Villefranche prit son quartier à la Ville-

---

1. Général Susane, *Infanterie française*.

Bréau, tout près du château du Parc en Saint-Méloir des Ondes, château appartenant à M. de Boisgarein.

A l'occasion de ces manœuvres, des fêtes furent données journellement. Or, un jour, nous écrit de son côté M. Fleury, Mme de Boisgarein et deux de ses filles se rendirent en grande toilette à l'une de ces réunions, ce qui était encore de mode comme au temps de la comédie des *Curieux de Compiègne* de Dancourt. Pendant ce temps, le prince, que ces fêtes importunaient peut-être, parcourait la campagne. Arrivé près du château du Parc, il aperçut une jeune fille en grand négligé allant à la fontaine voisine puiser de ses belles mains l'eau pour arroser ses fleurs. Cette jeune fille était Mlle Élisabeth de Boisgarein, que sa mère et ses sœurs aînées avaient laissée à la maison. Le cœur du prince ne sut résister aux charmes de deux beaux yeux ; il multiplia ses visites au château du Parc et, bientôt, il demanda la main de Mlle de Boisgarein. Comme on le voit, la tradition populaire a transformé cette dernière en Cendrillon, et une autre légende s'est greffée sur la première, car la tradition ajoute qu'après le mariage des deux jeunes gens, les enfants issus de leur union furent placés dans un couvent afin d'éviter des embarras politiques.

La vérité, telle qu'a pu la dégager notre aimable correspondant, M. Fleury, est que, d'après le témoignage des personnes âgées qui ont connu Mlle de Boisgarein, cette dernière était à *l'âge ingrat* lorsque le prince fit sa connaissance ; sa beauté ne se développa que plus tard, mais elle était douée de deux beaux yeux, qui étaient héréditaires, paraît-il, dans sa famille ; M. Fleury nous écrit que, dans son jeune âge, on disait proverbialement à Saint-Malo d'une personne qui avait de beaux yeux : *elle a des yeux à la Boisgarein.*

Dans ces derniers temps, deux journaux de Saint-Malo, le *Vieux Corsaire* et le *Salut*, ont parlé du mariage du prince de Carignan, mais ils n'ont produit aucun document nouveau. Depuis, dans son numéro du 25 novembre 1883, l'*Union malouine et dinannaise* a entretenu ses lecteurs du même sujet et, quoiqu'elle l'ait fait en termes concis, elle n'a point su éviter de commettre des erreurs.

Laissons le côté légendaire pour revenir aux faits d'une authenticité réelle.

Le prince avait vingt-six ans lorsqu'il sollicita et obtint la main de Mlle de Boisgarein. Le père de la fiancée, Jean-François-Nicolas Magon[1], seigneur de Boisgarein, était d'une bonne famille noble de Saint-Malo; né en 1730 de Jean-Baptiste Magon, seigneur de la Giclais, brigadier des armées du roi, chevalier de Saint-Louis, et de Rosalie Nouail du Parc, il épousa Louise de Karüel, et en eut dix enfants, entre autres : 1º Jean-Baptiste-Louis, seigneur de la Giclais, né en 1755, adjudant du palais de Versailles, chevalier de Saint-Louis, marié à Cambrin à Marie-Bernardine-Guislaine de Wavrin-Villers-au-Tertre, mort en 1834; 2º François-Auguste, seigneur de Boisgarein, né en 1766, marié à N.... de Runes, mort en 1842; 3º Marie-Anne-Élisabeth, née vers 1763 au château de Boisgarein, paroisse de Spezet, évêché de Quimper; c'est elle qui devint princesse de Carignan[2].

L'union des deux jeunes gens fut célébrée clandestinement vers la fin de l'année 1779 sans que les cours de France ni de Sardaigne en fussent avisées[3].

Le souvenir de ce mariage clandestin s'est transmis jusqu'à nos jours d'une façon très vivace à Saint-Malo, mais l'acte qui le consacra n'a jamais pu être découvert. Si l'on en croit la tradition — qui nous transporte encore une fois dans le domaine de la légende, — la bénédiction nuptiale aurait été donnée dans une maison particulière par un prêtre non

---

1. Armes : *D'azur, au chevron d'or accompagné en chef de deux étoiles de même et en pointe d'un lion aussi d'or, armé, lampassé et couronné d'argent.*
2. Renseignements dus à l'extrême obligeance de M. H. Magon de la Giclais, chef d'escadrons au 15e chasseurs.
3. La mère du prince était morte le 31 août 1778, et son père, le 6 décembre suivant.

autorisé qui, — toujours d'après la même source, — aurait été vivement blâmé. Il n'y a donc rien d'étonnant que, dans ces conditions, l'acte de mariage n'ait point été transcrit sur les registres de la paroisse où il a été célébré.

Toutefois, nous ne désespérons point d'apprendre un jour ou l'autre qu'un chercheur aura découvert dans un village ignoré de la Bretagne le premier acte de mariage du prince, comme nous avons découvert nous-même, près d'un siècle après sa mort, son acte de décès dans une modeste localité de la Picardie. Quelle étrange odyssée offre la vie de ce prince, né à Turin, marié en Bretagne, décédé en Picardie, où ses restes demeurèrent pendant cent quatre ans, pour retourner ensuite dans sa patrie ! Et ses descendants, comme on le verra plus loin, ont eu une existence non moins tourmentée.

Les gazetiers, toujours à l'affût de nouvelles à sensation, eurent bientôt connaissance de l'union du prince de Carignan, — union qui pouvait passer pour une mésalliance, — et, tout aussitôt, ils l'apprirent à leurs lecteurs en l'accompagnant de commentaires plus ou moins désobligeants. Les *Nouvelles de Paris et de Versailles* du 21 décembre 1779 annoncèrent d'abord ce mariage ; un article à peu près identique parut le 27 suivant dans les *Mémoires secrets pour servir à l'histoire de la république des lettres*. Voici ce que contenait le journal de Bachaumont : « Un prince de Carignan, frère de Mme de Lamballe, colonel au service de France d'un régiment de son nom, est devenu amoureux à Saint-Malo d'une demoiselle Magon, nièce des Magon, renommés dans le commerce et la finance : elle n'est ni riche ni jolie, mais a de l'esprit et de l'intrigue; elle a amené ce prince fort borné à l'épouser. L'évêque de Saint-Malo, satisfait d'une permission vague du roi de Sardaigne que lui a montrée le prince, de se marier en France, a donné les dispenses, et la cérémonie s'est faite avant que la cour ait pu s'y opposer. On ne croit pas que cet hymen, bon quant au for intérieur, subsiste quant aux effets civils, et, quoiqu'il soit consommé, on va travailler à le faire casser; on dit que le roi de Sardaigne a rappelé en conséquence le prince à Turin. »

Dès que la nouvelle de ce mariage fut connue à la cour de France, elle y causa une profonde impression. La personne qui dut en être le plus affectée fut assurément la sœur du nouvel époux, la princesse de Lamballe, qui souffrait en outre, à cette époque, de la froideur qu'affectait la reine à son égard.

Suivant M. C. Hippeau[1], qui va plus loin que Bachaumont, le prince de Carignan reçut l'ordre de quitter la France, et il ajoute qu'il était douteux que la cour de Turin consentît à le recevoir.

Déjà, Métra avait renchéri sur le récit de Bachaumont; à la date du 9 janvier 1780, il écrit que le roi de Sardaigne avait appelé auprès de lui le comte de Villefranche pour l'obliger ainsi à abandonner sa femme.

Rien de cela n'est exact. Toutefois, ce qu'il y a de certain, c'est que l'on poursuivait, devant le Parlement, la cassation de ce mariage.

Le 28 mai 1780, la jeune mariée recevait d'un élève ingénieur de la marine domicilié à Carhaix[2], fils d'un médecin de cette localité, la lettre de félicitations suivante, que nous trouvons dans l'ouvrage de M. G. Bertin[3] :

« Madame, la nouvelle de votre illustre alliance a répandu la joie publique dans ce pays, qui a l'honneur d'être le vôtre. Daignez, Madame, agréer l'hommage particulier de la mienne. C'est l'estime dont M. et Mme de Boisgarein ont honoré mon père, qui m'enhardit à vous l'offrir. Ils ont bien voulu lui en donner le témoignage le plus flatteur en lui confiant pen-

1. *Gouvernement de Normandie.*
2. La mère de la princesse était originaire de ce bourg.
3. *Madame de Lamballe,* p. 391.

dant votre enfance le soin de votre santé. Si, pour l'honneur de sa mémoire, il a pu contribuer par ses lumières à vous conserver vos jours, puissé-je aussi, Madame, pour le bonheur de Mgr le prince de Carignan et pour la gloire de mon pays, les prolonger par les vœux les plus sincères. C'est le tribut auquel s'oblige pour toute la vie, le jeune compatriote qui a l'honneur d'être avec le plus profond respect, Madame,

Le plus humble et le plus obéissant de vos serviteurs.

» Dieulevent de Siléon. »

Quelques mois plus tard, un arrêt du Parlement en date du 7 septembre annulait le mariage du prince de Carignan. Voici ce qu'on lit dans les *Gazetins secrets* des archives de la Bastille du 14 septembre :

« Le dernier jour des audiences du Parlement, il a été plaidé, à celle de la Grand'chambre, sur le mariage que le prince Eugène de Carignan, qui est au service de France, sous le nom de comte de Villefranche, a contracté et consommé avec la fille d'un gentilhomme, l'année dernière, à Saint-Malo, où étoit son régiment. Ce mariage, pour lequel l'évêque de Saint-Malo avoit donné dispense de publication de bancs, a été déclaré nul, tant parce qu'on n'y avoit pas observé toutes les formalités prescrites par les lois civiles et militaires du royaume, que parce qu'un prince de maison royale, habile à succéder au trône, n'a pu se marier à l'insu du roi de Sardaigne. »

Cet arrêt sévère ne satisfit point le roi Victor-Amédée, qui déclara son parent incapable d'hériter. Cependant, il ne maintint point cet acte de rigueur, car, peu de temps après, il rendait au prince de Carignan, mais à lui seul, tous ses droits de succession.

Après que le comte de Villefranche fut rentré en grâce auprès du roi de Sardaigne, Louis XVI, — sans doute par l'intervention de la princesse de Lamballe, — permit au frère de cette dernière de réhabiliter son mariage; suivant une consultation de M. Dupin de 1822[1], le roi en aurait même fait l'obligation au prince.

Le 22 février 1781 était signé le contrat de mariage entre le prince de Carignan et demoiselle Magon de-Boisgarein sous les conditions expresses que cette dernière prendrait le nom de comtesse de Pommeryt, et que leur union demeurerait secrète. Le futur époux faisait porter une dot de quatre-vingt mille livres, et la future épouse apportait vingt mille livres.

Le même jour, la bénédiction nuptiale était donnée dans la chapelle du château du Parc, qui existe encore, et l'acte suivant, — dont nous devons la copie à MM. de la Giclais et Fleury, — était transcrit sur les registres de la paroisse de Saint-Méloir-des-Ondes (Ille-et-Vilaine) :

« Le vingt-deux février mil sept-cent-quatre-vingt-un, nous, soussigné, Messire Joseph-Guillaume Morin, prestre chanoine de l'église cathédrale de Saint-Malo, en présence et du consentement de Messire Nicolas Chapel, recteur de la paroisse de Saint-Méloir-des-Ondes, avons ce jour administré la bénédiction nuptiale à très haut, très puissant et très excellent prince Eugène-Marie-Louis-Hilarion de Savoye-Carignan, fils de son Altesse Sérénissime Louis-Marie de Savoye-Carignan et de la princesse Christine-Henriette de Rheinsfeld, domicilier de la paroisse de Saint-Paul de Paris, y demeurant à l'Arsenal, colonel propriétaire du régiment de Savoye, infanterie, au service de France sous le nom de comte de Villefranche, majeur d'âge, et ce en vertu de la dispences de deux bans accordée par Monseigneur l'archevêque de Paris, faisant mention expresse de la proclamation d'un ban en ladite paroisse de Saint-Paul de Paris, suivant les

---

1. *Mémoires*. Paris, Plon, 1865, t. Ier, p. 276.

lettres de dispense données à Paris le douze du présent mois de février, signées Chr. arch. Parisiensis et plus bas Drouard, pro. secret. duement insinuées au greffe des insinuations ecclésiastiques du diocesse de Paris le mesme jour par Chauveau, et à demoiselle Élisabeth-Anne Magon de Boisgarein, fille mineure de Messire Jean-François-Nicolas Magon, chevalier, seigneur de Boisgarein et autres lieux, et de dame Louise de Karüel, native de la paroisse de Speset, évêché de Quimper, domicilière du château du Parc en cette paroisse de Saint-Méloir-des-Ondes, évêché de Saint-Malo, et ce en présence et du consentement desdits seigneur et dame Magon de Boisgarein et en vertu de la dispence de trois bans accordée par Monseigneur l'évêque de Saint-Malo par ses lettres du premier de ce mois de février, signées : Antonius Jos. *Épiscopus Macloviensis* et plus bas : Morin *secretarius*, insinuées et controlées au gref des insinuations ecclésiastiques du diocèse de Saint-Malo, le dix-huit dudit mois de fevrier par Launoy : Laquelle célébration s'est faite dans la chapelle dudit château du Parc en cette dite paroisse aux fins d'une permission spéciale accordée par mon dit seigneur évêque de Saint-Malo le premier de ce mois de février, en présence de Messire Joseph-Jean Penhoët, prestre curé de ladite paroisse de Saint-Méloir-des-Ondes, Messire Marc-Pierre-François des Illes, chevalier, seigneur de Cambernon et autres lieux, demeurant à son château de la Fosse-Hingant, paroisse de Saint-Coulomb, diocèse de Dol, messire Julien le Moine, prestre curé de la paroisse de Cancale, messire Joseph-Sébastien le Maître, prestre chapelain de la dite chapelle du Parc, demeurant en la dite paroisse de Cancale et de messire Robert-Yves Bernard seigneur, du Haut-Cilly, demeurant en la ville et paroisse de Saint-Malo et autres à ce présent qui ont signé.

Nota. — Son Altesse en interligne et le mot Baptiste rayé comme nul approuvé.

Eugène-Marie-Louis-Hilarion de Savoye-Carignan sous le nom de comte de Villefranche en France.

Élisabeth-Anne de Boisgarein.   Magon de Boisgarein.

Karuel de Boisgarein.   J.-J. Penhoet curé, de Saint-Méloir-des-Ondes.

Du Haut-Cilly.   Charlotte Magon de Boisgarein.

Joséphine de Boisgarein.   Victoire de Boisgarein.

Auguste Magon de Boisgarein.

Angélique Magon de Boisgarein.

Morin, chanoine.   Nicolas Chapel recteur de Saint-Méloir-des-Ondes.

Lemoine, curé de Cancale.   Lemaitre.   des Illes.

A la suite de leur mariage, les deux époux paraissent avoir habité Paris, où la comtesse de Pommeryt accoucha en l'hôtel du prince, rue Neuve-Saint-Gilles, paroisse Saint-Paul, le 30 octobre 1783 d'un fils qui reçut les prénoms de Joseph-Marie.

Un mois plus tard, le prince de Carignan, dont le régiment tenait alors garnison à Arras, achetait les château, terre et seigneurie de Domart-sur-la-Luce à messire Louis-Gabriel, vicomte de Bizemont[1], capitaine d'infanterie, chevalier de

---

1. Louis-Gabriel, vicomte de Bizemont, né le 3 août 1756 d'André-Victor, seigneur de Mondeville et de Fontaine, et d'Angélique-Isidore de Laumoy, était devenu seigneur de Domart-sur-la-Luce par suite de son mariage avec Marie-Louise-Joséphine-Angélique de Mannay, fille unique de Louis-Bernard, chevalier, comte de Mannay, seigneur de Camps-l'Amiénois, Liercourt et autres lieux, et de Louise-Charlotte d'Aigneville. Le comte de Mannay était fils aîné de Marc-Antoine-Augustin, chevalier, seigneur de Camps, Tailly, Vergies, Belloy-Saint-Léonard et autres lieux, et de Marie-Angélique le Fournier de Wargemont, dame de Domart-sur-la-Luce, qu'il avait épousée le 25 mai 1695. Voici les noms de quelques seigneurs de Domart depuis le xiie siècle. Ibert ou Aubert de Domart, 1154. — Regnault, sire de Domart, 1365; il eut pour fille Marguerite, qui épousa : Guillaume de Villers-Saint-Pol, seigneur de Verderonne, et en eut un fils; elle se remaria à Pierre de Montmorency. — Guillaume de Villers-Saint-Pol (1426) épousa Marie de Mailly et en eut : — Florimond de Villers (1460) marié à Blanche de Sains, dont : — Jean de Villers (1481), qui épousa Jeanne de Soissons-Moreuil, d'où : — Jacques de Villers, chevalier, vicomte de Soissons (1550), allié à Louise de Torsy. — François de Béthune, chevalier, baron de Rosny, père de Sully, ministre de

l'ordre royal et militaire de Saint-Lazare, seigneur de Mailly, Warlus, Camps-l'Amiénois et autres lieux. L'acte de vente fut passé le 1er décembre 1783 par-devant Me de la Rue, notaire au Châtelet de Paris.

Les terres et seigneurie de Domart-sur-la-Luce, nous écrit M. Labitte, consistaient alors pour la partie relevant de Moreuil :

1° En un château avec ses dépendances, basse-cour et jardin potager entouré d'eau, moulin à blé, seize journaux de pré ;

2° En soixante-trois journaux de terre labourable ;

3° En deux cent vingt-sept journaux de bois ;

4° En sept livres dix sols de rente à percevoir sur les habitants de Domart pour la permission que le seigneur leur donnait de faire paître leurs bestiaux conjointement avec les siens dans quatre-vingts journaux de marais ;

5° En quarante-sept livres huit sols de censives tant en argent que poules et chapons à percevoir sur soixante-quinze maisons ;

6° En trente livres de censives à percevoir sur trois cent huit journaux de terre labourable et prés ;

7° Et en un droit de champart de neuf gerbes du cent à percevoir sur deux cent soixante journaux de terre labourable.

Cette vente fut faite moyennant le prix principal de deux

Henri IV, acheta la seigneurie de Domart, qu'il revendit le 13 septembre 1574 à : — Jacques III de Baynast, seigneur de Thiepval et de Pommerat ; de son union avec Marie de Lannoy, il eut : — Antoine de Baynast, marié par contrat du 21 juin 1587 à Marie de Malbec, d'où est venu : — Albert 1er de Baynast, qui épousa par contrat du 9 janvier 1628 Florence de Milly ; de cette alliance est issu : — Albert II de Baynast, né en 1629, qui épousa par contrat du 12 octobre 1672 Marie Lignier, et en eut : — Albert-Philippe de Baynast, né le 11 août 1673, mort sans alliance vers 1710. — Christine de Baynast, sa sœur, en hérita la seigneurie de Domart, qu'elle conserva jusqu'au 6 juin 1750, date de sa mort. — Albert-Louis-Aymar le Fournier, chevalier, seigneur de Méricourt et Cappy, comte de Wargemont, acheta ou hérita la terre de Domart, dont il n'eut jouit que pendant très peu de temps, puisqu'il mourut le 2 novembre 1750 ; il reçut sa sépulture dans le chœur de l'église de Domart ; il mourut sans postérité, et ses biens furent recueillis par la famille de Mannay de Camps.

cent mille livres, dont cent soixante mille pour la partie relevant de Moreuil.

Quelques mois après l'acquisition de la seigneurie de Domart, le prince de Carignan obtenait des lettres de terrier, dont une copie se trouve aux Archives départementales de la Somme, B, 47. M. de Brécourt a bien voulu extraire pour nous les parties essentielles de ce document; les suppressions ne portent que sur les formules administratives, d'un intérêt négatif pour ce travail.

« Louis, par la grâce de Dieu, Roy de France et de Navarre, au bailli d'Amiens ou son lieutenant général, salut. Notre très cher cousin Eugène-Marie-Louis-Hilarion de Savoye, prince de Carignan, chevalier de l'ordre suprême de l'Annonciade, colonel propriétaire du régiment de Savoye-Carignan au service de France, seigneur des terres, fiefs et seigneuries de Domart-sur-Luce, Domars, Sénéchal et Maréchal [1], nous a fait exposer qu'à cause des terres, fiefs, seigneuries et des autres fiefs et arrière-fiefs, circonstances et dépendances, le tout situé dans l'étendue du bailliage d'Amiens, relevant desdites terres et seigneuries, il a tous droits de justice, haute, moyenne et basse, droits des fondateurs des églises, bancs aux chœurs, litres ou ceintures funèbres, recommandations aux prosnes et autres droits honorifiques, droits de lods et ventes à chaque mutation, reliefs, aides, cens, surcens, rentes en deniers, grains, chapons, poules, champarts, chasse et pêche, banalités de moulins et de fours, corvées, gambage, affouages, droits de mort et vif herbages, carrières, droits de bans et autres, seigneuriaux et féodaux appartenant aux hauts justiciers qui lui sont dus par plusieurs particuliers, tant ecclésiastiques, nobles qu'autres, lesquels

---

1. Fiefs situés en l'étendue du territoire de Domart-sur-la-Luce, démembrés de la seigneurie de ce lieu; le fief Sénéchal appartenait à une famille de ce nom au XVIe siècle et le fief Maréchal était possédé en 1387 par Jean le Maréchal (Voy. notre ouvrage : *Notices et Choix de documents pour servir à l'histoire de la Picardie*, t. Ier, p. 147).

droits ayant été négligés, les redevables d'iceux pourraient faire difficulté à les reconnaître ; ce motif aurait déterminé l'exposant à nous supplier de lui accorder nos lettres de terrier sur ce nécessaires.

» A ces causes, voulant le traiter favorablement, nous vous mandons par ces présentes qu'à sa requête vous fassiez savoir..... à tous vassaux, censitaires..... qu'ils aient à faire les foi et hommage dont ils sont tenus et que, par-devant un ou deux notaires royaux qui seront par ledit exposant nommés, ils aient dans le temps qui leur sera prescrit à donner par écrit les aveux et dénombrements, reconnaissances et fidèles déclarations des noms, qualités, situations..... tenants, aboutissants, redevances..... car tel est notre bon plaisir.

» Donné à Paris le 7ᵉ jour de may 1784, et de notre règne le dixième.

« De par le Roy en son conseil, signé : Desjobert avec grille, paraphe et scellé. »

Au mois d'avril 1785, le prince de Carignan obtenait du lieutenant général au bailliage d'Amiens une ordonnance conçue en ces termes, dont la copie se trouve à la suite de la pièce précédente :

« L'an 1785, le mardi 26 avril, à neuf heures, par-devant Pierre-François Dufresne, chevalier, seigneur de Marcelcave, Aubigny, Lamotte, Villers-Bretonneux et autres lieux, conseiller du Roy, lieutenant général au bailliage d'Amiens, en notre hôtel, en la présence et assisté de Mᵉ Jean-Baptiste Roger, greffier audit siège, s'est présenté Louis-François Mathon, procureur à Amiens et de Mʳᵉ Eugène-Marie-Louis-Hilarion de Savoye, prince de Carignan..... en son hôtel à Paris, qui nous a dit que ledit seigneur prince de Carignan avait obtenu en la chambre du Palais, à Paris, le 7 mai 1784 des lettres pour faire procéder à un nouveau terrier..... nous a requis d'en ordonner l'exécution, et, en conséquence, de commettre Mᵉ Warnier, notaire en la ville et bailliage d'Amiens, résidant à Hangard..... nous ordonnions que, par le sieur Boyard, arpenteur roïal, demeurant à Warlus, choisi et nommé par ledit seigneur prince de Carignan, arpentages et mesurages seront faits..... Sur quoi, nous, conseiller d'État, lieutenant général dudit, ouï et du consentement du procureur du Roi, nous avons donné acte audit sieur Mathon... et avons commis ledit Mᵉ Warnier, notaire à Hangard et le sieur Boyard, arpenteur à Warlus, savoir : le premier pour.... Disons que ledit seigneur prince de Carignan se conformera aux lettres à terrier susdatées, lesquelles seront à cet effet publiées et affichées à la porte et principale entrée de l'église paroissiale de Domart-sur-la-Luce et autres lieux accoutumés desdites seigneuries, et registrées sur le registre aux chartres de ce siège pour y avoir recours quand besoin sera.

« Mandons au premier huissier ou sergent royal qui sera requis pour l'exécution des lettres, il fera toutes recommandations... actes, exploits requis et nécessaires.

« Et plus avant n'a été par nous procédé et avons signé avec le procureur du Roy et le greffier. »

Signé : « Dufresne, Fontaine et Roger. »

Le séjour de Domart-sur-la-Luce plaisait infiniment, paraît-il, au nouveau seigneur de ce village. Le château, construction fort simple, qui subsiste encore aujourd'hui, se composait d'un rez-de-chaussée et d'un étage mansardé. M. de Carignan, apprenons-nous par M. Labitte, forma le projet de faire raser cette modeste habitation, sur l'emplacement de laquelle il avait le dessein d'élever un château aussi élégant que spacieux. Un architecte de Paris fut mandé, qui dressa le plan d'une vaste construction, mais une mort prématurée ne laissa point à M. de Carignan le temps de mettre son projet à exécution.

Le prince était en possession de Domart depuis près de

dix-neuf mois lorsqu'il fut atteint d'une inflammation de la gorge; il se trouvait alors à Arras; il voulut retourner immédiatement à son château de Domart, où, quelques jours plus tard, il mourait d'une esquinancie. Le voyage, pendant sa maladie, dut contribuer à faire avancer sa fin.

L'état de sa santé, voyons-nous dans l'ouvrage de M. G. Bertin, avait été caché à sa sœur, la princesse de Lamballe, sur le désir qu'en avait exprimé la reine Marie-Antoinette.

Le 28 juin, la reine écrivait à la comtesse de Lâge de Volude : « Je crois que vous faites très bien, Madame, de cacher à Madame de Lamballe l'état de son frère. Puisque vous avez envoyé au château de Domart, il vaut tout autant attendre les nouvelles avant de lui en rien dire. Je serai charmée de la voir ce soir, et je ne lui parlerai de rien. J'étais à table quand j'ai reçu votre courrier; mais je ne veux pas l'arrêter davantage. Soyez bien persuadée, Madame, de toute mon amitié[1]. »

A la date du 6 juillet 1785, Olivier Métra écrivait : « La reine a quitté Trianon le 3 de ce mois et, le même jour, S. M. est venue à Paris. Elle a soupé chez la princesse de Lamballe et lui a fait compliment sur la mort du prince de Carignan, son frère. »

Voici l'acte de décès du prince de Carignan tel que nous l'avons relevé dans le registre aux sépultures de la paroisse de Domart-sur-la-Luce :

« Le 30 juin 1785, est décédé âgé de trente-deux ans, son Altesse Sérénissime Mgr Eugène-Marie-Louis-Hilarion de Savoie, prince de Carignan, chevalier de l'ordre suprême de l'Annonciade, colonel-propriétaire du régiment de Savoie-Carignan, au service de France, seigneur des fiefs et terre de la vicomté de Domart-sur-la-Luce. Le lendemain 1er juillet, son corps a été inhumé dans l'église paroissiale dudit Domart, par nous curé dudit lieu, en présence de Messire Simon-

---

[1]. *Catalogue d'autographes*, Ét. Charavay, 25 juin 1886.

François Bisson, major du régiment de Savoie-Carignan, de messire Antoine-Léon de Bernard, capitaine-commandant dudit régiment, de messire Jean-Baptiste-Paul de Combarel de Vernège, lieutenant dudit régiment, de Jean-Baptiste Saleneuve, chirurgien major dudit régiment, d'Adrien-Martin Brulot de la Feuille, procureur fiscal de la seigneurie de Domart, et de MM. les curés circonvoisins, qui ont signé le présent acte avec nous lesdits jour et an. » Signé : « Jay, curé de Gentelles; Puzellier, curé de Cachy, vice-doyen; Colbert, curé de Moreuil; Bernard, curé de Glimont; Bellancourt, desservant de Remiencourt; Dupré, curé de Villers-Bretonneux, et Racine, curé de Domart. »

Il est assez singulier qu'aucun des officiers dont les noms sont repris dans le document reproduit ci-dessus n'ait apposé sa signature au bas de l'acte de décès de son colonel.

La pierre tombale qui recouvrait les restes du prince se trouvait à l'entrée du sanctuaire; elle fut soigneusement grattée à la Révolution, et personne à Domart n'a pu nous renseigner quant à la forme et à l'inscription de cette pierre.

C'est en ces termes que Bachaumont annonça dans ses *Mémoires secrets* la mort du comte de Villefranche :

« 13 juillet. M. le comte de Villefranche, de la branche de Savoie de Carignan, colonel propriétaire du régiment de Savoie, infanterie, au service de France, vient de mourir. C'est lui qui avait épousé à Saint-Malo Mlle Magon de Boisgarin, dont le mariage avait été cassé par le parlement de Paris, et qui, persistant dans sa résolution, l'avait fait réhabiliter depuis sans nouvelle contradiction. Comme il y a de cet hyménée un garçon, on est fort embarrassé de ce qu'on en fera. »

Le 16 juillet, les officiers du régiment de Savoie-Carignan, « aussi jaloux de donner des témoignages extérieurs de leurs regrets que sensibles à la perte qu'ils ont faite », firent célébrer dans la cathédrale d'Arras un service solennel pour le repos de l'âme de leur colonel. Le souvenir nous en a été conservé par une petite brochure d'une excessive rareté ; nous lui ferons quelques emprunts que nous devons à l'extrême obligeance de notre excellent collègue M. Victor Advielle.

Cette brochure, cotée Ln^{27} 18614 à la Bibliothèque nationale, à Paris, porte ce long titre : *Description du mausolée érigé dans l'église cathédrale d'Arras et du service solennel dans ladite église le samedi 16 juillet 1785, suivie de l'éloge funèbre de S. A. R. Mgr Eugène-Marie-Louis-Hilarion prince de Savoie-Carignan, chevalier de l'ordre suprême de l'Annonciade, brigadier des armées du roi, mestre de camp propriétaire du régiment de son nom*. Arras, de l'imprimerie de la veuve Michel Nicolas, rue Saint-Géry, 1785. In-4°. 15 pages.

« Le régiment sous les armes formait l'enceinte entre les piliers de la nef.

» L'assemblée, qui était au palais épiscopal, entra dans l'église à dix heures, ayant à sa tête M. le comte de Sommievre, commandeur de l'ordre de Saint-Louis, lieutenant général et commandant en second de cette province ; et alors la musique exécuta une marche analogue à la tristesse du lieu et des assistants. Les cloches avaient annoncé dès la veille cette cérémonie funèbre. »

La nef était tendue en noir avec bande de velours chargée d'écussons et de trophées et ornée de têtes de mort.

La messe fut célébrée par le doyen du chapitre assisté des abbés de Coupigny et de Bailleul. Pendant l'office, les meilleurs musiciens de la province exécutèrent plusieurs morceaux de Gossec. Ensuite, l'abbé Porion, curé de Saint-Nicolas des Fossés, ancien professeur de philosophie au collège de la Flèche, — qui devint, quelques années plus tard, évêque constitutionnel du Pas-de-Calais, — prononça l'oraison funèbre du défunt ; quoiqu'il n'eût été prévenu que peu de jours auparavant, il voulut néanmoins s'en charger.

« L'alarme générale s'était répandue au seul bruit du danger qui menaçait le prince... Que dire de l'illustre maison à laquelle appartenait le défunt, de ses alliances avec les premières cours de l'Europe ?... Véritablement grand, il tire tout son lustre, tout son mérite de lui-même... Quelle aménité dans ses mœurs ! Quelle douceur dans son caractère ! Quelle honnêteté dans son accueil ! Quelle affabilité dans ses manières ! Quelle charmante simplicité dans ses discours !... Pour les officiers, il était bien moins le prince de Savoie que leur camarade et leur ami... Où trouver un grand qui fût plus modeste ?... Qui fut jamais plus juste dans la distribution des emplois militaires ?... Et que dire de son courage et de sa valeur ?... S'il eut été abandonné à lui-même, il eût suivi les Lamothe-Picquet, les Lafayette, les d'Estaing... pour venger ce peuple libre et indépendant qu'on voulait injustement opprimer et charger de fers... »

Faisant allusion à la princesse de Lamballe, l'orateur s'écria : « Digne frère de cette auguste princesse, que toute la France révère, dont la bienveillance égale les charmes et la beauté, il participait à son crédit et travaillait de concert avec elle à procurer des faveurs et à faire des heureux... »

L'orateur termina ainsi l'éloge du défunt :

« C'est un malheur pour nous que ce bon prince ne soit plus. J'ai cette juste confiance qu'il aura trouvé son bonheur dans la séparation qui nous a tant coûté. »

A la suite de cette cérémonie, les pauvres, qui ne sont jamais oubliés par les âmes charitables, eurent part à une large distribution de pain.

Un mausolée fut élevé pour la circonstance dans la cathédrale d'Arras. En voici la description d'après la plaquette citée plus haut.

« Le mausolée, d'ordre dorique, du dessin du sieur Collet, peintre de l'école flamande, avait trente pieds de largeur sur quarante-cinq de hauteur depuis la base jusqu'au-dessus de la corniche; le socle, de six pieds de hauteur en rustique peint en grès, se terminait par des degrés sur lesquels s'élevaient huit colonnes arrondies en perspective, dont quatre en face et les autres dans l'enfoncement portant un plafond antique dont l'intérieur garni en draperies noires était éclairé par une lampe sépulcrale. Sur le devant du tombeau, au milieu du mausolée, étaient deux génies dans l'attitude et l'expression de la douleur, l'un soutenant d'une main le collier de l'ordre de l'Annonciade, l'autre tenant une torche allumée et renversée montrant un écusson du prince.

» Sur le devant et à gauche était une Minerve représentant la Sagesse et la Force; à droite, une autre statue représentait la Bienfaisance et la Charité appuyées sur un bouclier du prince. Dans l'enfoncement de cet intérieur, on voyait des grenadiers, leurs armes renversées; l'aumônier du régiment, en manteau long, à genoux sur un prie-Dieu, du côté droit du tombeau. Les métopes étaient garnis chacun d'une tête de mort; au milieu et au-dessus de la corniche s'élevait un obélisque de vingt pieds de hauteur, ayant pour cimaise une urne sépulcrale et pour support une tête de mort avec ses attributs. En avant de l'obélisque était représenté le prince descendant au tombeau conduit par la Mort, un génie, emblème de la douleur appuyé sur un drapeau du régiment, s'efforçait de retenir la mort, et semblait fixer les derniers regards du prince. Au bas était le distique suivant:

Invidet Heroï Mors præmatura triumphos,
Sed quos fata negant, reddere certat Amor.

» Sur les deux derniers triglyphes et au-dessus des colonnes étaient posées deux urnes et deux autres au-dessus du socle qui répandaient une clarté lugubre. Le mausolée se terminait à quatre-vingt-dix pieds de hauteur par une couronne ornée de draperies noires et blanches semée d'hermine, relevées en forme de guirlande par des glands.[1] »

C'est seulement à la fin du mois de septembre que la mort du prince de Carignan fut officiellement annoncée à Versailles par la princesse douairière de Carignan; le deuil de la cour, qui se confondit avec celui de la reine de Sardaigne, fut de trois jours, ainsi que nous l'apprend Bachaumont, qui s'en montre surpris.

*
* *

Par lettres patentes données à Versailles le 12 décembre 1785, Mme Amédée-Marie-Anne-Victoire de Carignan, épouse de M. Joseph Brigeaud-Marmois, comte de Saint-Maurice, brigadier des armées du roi, fut nommée tutrice onéraire de Joseph-Marie, chevalier de Savoie, fils unique du prince de Carignan et de demoiselle Magon de Boisgarein.

L'inventaire des biens du défunt fut reçu le 13 février 1786 à la requête de Gilles-Louis Desenne, avocat au Parlement, au nom et comme tuteur onéraire de Joseph-Marie de Savoie, nommé à cette charge par acte du 24 janvier 1786, passé par-devant Me de la Rue, notaire à Paris. Cet inventaire fut reçu en présence :

1° De Mre Racine, curé de Domart, au nom et comme procureur de Mme Magon de Boisgarein, veuve non commune en biens de mon dit seigneur comte de Villefranche, mineure émancipée par son mariage, et de Jean-François-Nicolas Magon de Boisgarein, son père; dans la procuration remise

---

1. Par ordonnance royale en date du 20 novembre 1785, la propriété du régiment de Savoie-Carignan fut donnée à Louis-Antoine de France, duc d'Angoulême, et Jean-Louis de Rafflin succéda au comte de Troussebois-Baillard en qualité de colonel-lieutenant le 10 mars 1788. Ce régiment prit dès lors le titre d'Angoulême et le revers écarlate, couleur affectée aux régiments des princes français. Il est devenu plus tard le 34e régiment d'infanterie. Le général Susane, qui nous fournit ces renseignements, dit que le comte de Villefranche fut fait maréchal de camp le 9 mars 1788; il y a erreur d'impression puisque ce dernier est mort le 30 juin 1785, à moins qu'il ne s'agisse plutôt ici du duc d'Angoulême.

à Mᵉ Racine, la veuve du prince est désignée sous le nom de comtesse de Pommeryt, et le père de la princesse est dit demeurer ordinairement à Pierrelaye, près Pontoise;

2° De Mᵉ Jean d'Alléas, prêtre du diocèse de Tarbes, vice-gérant de l'officialité de la Sainte-Chapelle à Paris, avocat au Parlement, avocat consultant de Son Altesse Royale Mgr le comte d'Artois, frère du roi, et conseil de la tutelle de M. le chevalier de Savoie[1].

Suivant M. Dupin[2], des lettres patentes données à Versailles le 17 novembre 1787, enregistrées le 7 décembre suivant, obligèrent la comtesse de Pommeryt à remettre son fils à la comtesse de Saint-Maurice, sa tutrice onéraire.

D'autres lettres patentes données à Versailles le 8 mars 1788, enregistrées le 17 du même mois au baron de Breteuil, ministre et secrétaire d'État, la tutuelle du chevalier de Savoie qui, par ces mêmes lettres, était reconnu habile à succéder. Le roi Louis XVI ajoutait dans ces lettres que, « depuis la mort du comte de Villefranche, son cousin, il a toujours veillé avec une attention particulière sur tout ce qui peut intéresser son fils Joseph-Marie », et que, « de concert avec le roi de Sardaigne », il avait pris à ce sujet toutes les mesures nécessaires; « il nous a paru convenable, ainsi qu'au roi de Sardaigne, ajoutait Louis XVI, de former, dès à présent, l'administration de la personne et des biens dudit Joseph de Savoie sur un plan qui, eu égard à sa naissance et au rang qu'il doit occuper, embrasse les différentes situations dans lesquelles, par les progrès de l'âge, il pourra se trouver. »

Le 10 mars 1789, la convocation suivante, dont nous devons la copie à M. de Brécourt, fut adressée au prince Eugène de Carignan :

« L'an mil sept cent quatre-vingt-neuf, le dixième jour de

---

1. Renseignements dus à l'obligeance de M. Aug. Labitte, ancien notaire à Hangard.
2. *Mémoires*, loc. cit., I, p. 280.

mars, à la requête de M. le procureur du Roi au bailliage d'Amiens, pour lesquels domicile est élu au greffe dudit siège, en vertu des lettres du Roi données à Versailles le 24 janvier 1789 pour la convocation des états généraux de ce royaume, du règlement y joint et de l'ordonnance de M. le lieutenant général au bailliage d'Amiens, rendues en conséquence les 11 février et 2 mars du présent mois, j'ai, Pierre de Lavigne, huissier royal demeurant à Amiens, rue des Cordeliers, soussigné, donné assignation à Monsieur le prince Eugène de Carignan, seigneur de Domart-sur-la-Luce, au château dudit lieu, audit domicile en parlant au concierge, à comparoir en personne ou par procureur de son ordre, fondé de pouvoirs suffisants par-devant M. le lieutenant général du bailliage d'Amiens pour assister à l'assemblée des trois états qui sera tenue dans la ville d'Amiens en l'église des Cordeliers de ladite ville, et concourir avec les autres députés de son ordre à la rédaction des cahiers de doléances, plaintes et remontrances et autres objets exprimés en lesdites ordonnances et procéder à la nomination des députés qui seront envoyés aux états généraux, le tout conformément et en exécution desdites lettres du Roi, règlement y annexé et ordonnances de mondit sieur le lieutenant général, lui déclarant, faute de s'y trouver ou procureur pour lui, il sera donné défaut, et afin qu'il n'en ignore, je lui ai audit domicile en parlant, comme dessus, laissé copie de mon présent exploit, et il m'a été payé 12 sols pour le coût d'icelui. » Signé : « DELAVIGNE[1]. »

Le prince n'ayant point comparu ni envoyé de procureur, on donna défaut contre lui[2].

La Révolution, qui rendit à sa mère le chevalier de Savoie, eut pour ce dernier de funestes conséquences; il ne put profiter des bonnes dispositions que Louis XVI avait

---

1. Archives départementales de la Somme, B, 271.
2. Archives nationales, B, 3, p. 774.

montrées en sa faveur, et quand, après la fin lamentable de la malheureuse princesse de Lamballe (3 septembre 1792), il se présenta pour recueillir sa succession, il la trouva mise sous séquestre par décret de la Convention nationale du 3 août 1793.

Les archives départementales de la Somme contiennent dans la série C, 1804, les rôles de répartition des tailles et accessoires pour les années antérieures à 1791. Nous avons extrait du rôle de 1790 l'article suivant, qui concerne le chevalier de Savoie-Carignan :

Maison seigneuriale de 2 journaux, d'un revenu de 10 l.

6 journaux de pré	—	90
1 journal de plant	—	15
Champart	—	150
Droits seigneuriaux	—	50
Censives	—	40
228 journaux de bois	—	1710

Biens affermés :

65 jx 87 verges de terre de 1re classe	—	205 l.	17 s.
6 jx 50 verges de terre de 2e classe	—	16	5
27 jx 25 verges de terre de 3e classe	—	51	2
Moulin de Domart	—	150	
1 journal 1/2 de pré	—	11	5
8 jx 25 verges de terre de 4e classe	—	10	6
	Total du revenu	2509 l.	15 s.

Pendant la Révolution, la veuve du prince de Carignan et son fils vécurent obscurément et presque dans la gêne.

Quand l'empire eut été bien établi, ils adressèrent au frère de Napoléon une lettre commençant ainsi :

Villefranche, 20 pluviôse an XIII.

« Au prince Louis,

« Lorsque la gloire élève la famille à laquelle vous appartenez, l'infortune frappe et abaisse une des plus antiques maisons souveraines de l'Europe. Mais l'infortune ne fut jamais une dégradation, et une extraordinaire élévation ne peut qu'ouvrir davantage les belles âmes à l'intérêt pour l'infortune... »

Cette lettre, signée : « Joseph de Savoie-Carignan » et « E. Magon, veuve de Savoie-Carignan », eut un plein succès. Le futur roi de Hollande fut vivement touché par la lecture de cette supplique; il s'empressa de la communiquer à l'empereur, qui se montra tout aussitôt bien disposé en faveur des solliciteurs; on sait que Napoléon faisait des avances continuelles à la noblesse, qu'il aimait à voir autour de lui. Le jeune prince demandait à servir dans l'armée impériale, ce qui ne tarda point à lui être accordé; son avancement fut rapide, car, deux ans plus tard, il était capitaine des gendarmes d'ordonnance de l'empereur.

D'accord avec sa mère, le prince Joseph de Savoie donna procuration par acte en date du 18 mars 1807 passé à Mayence, département du Mont-Tonnerre, pour la vente du château et de l'ancien domaine de Domart-sur-la-Luce. Dans le procès-verbal d'adjudication, dressé le 9 juillet 1807 par Me Warnier, notaire à Hangard, le prince est qualifié capitaine de la 4e compagnie des gendarmes d'ordonnance de S. M. l'empereur et roi; sa mère habitait rue de la Loi, n° 111, à Paris. Le château proprement dit consistait alors en deux corps de logis : le château neuf, construit depuis environ vingt ans, et le château vieux avec tous les autres bâtiments y annexés, les cour, jardin, enclos, moulin et prés, le tout d'une contenance de six hectares soixante-quatorze ares.

M. Jacques-Florimond Lepage s'en rendit acquéreur moyennant la somme de vingt-quatre mille francs. Le nouveau propriétaire, qui était fabricant, transforma cet immeuble en usine et fit démolir une aile qui faisait face à l'église.

Le 2 novembre 1809, M. Lepage revendait le château de Domart et ses dépendances à M. Antoine-Adrien Pruvost, négociant à Amiens.

Le 29 octobre 1810, le prince Joseph-Marie de Carignan épousa Pauline-Antoinette-Bénédictine de Quélen d'Estuer de Caussade, dite mademoiselle de la Vauguyon, née le 14 mai 1783, fille de Paul-François, marquis de Saint-Mégrin, prince de Carency, duc de la Vauguyon, pair de France, et de Marie-Antoinette-Rosalie de Pons, dame d'honneur de Marie-Antoinette. De ce mariage sont issus trois enfants : 1° Marie-Gabrielle, née en 1811, mariée en 1827 au prince Victor Massimo; 2° Marie-Victoire-Louise-Philiberte, née le 29 septembre 1814, qui épousa le 16 juin 1837 Léopold-Benjamin-Joseph, prince des Deux-Siciles, comte de Syracuse, né le 22 mai 1813, mort le 4 décembre 1860, frère de Ferdinand II, roi des Deux-Siciles; 3° Eugène-Emmanuel-Joseph-Marie-Paul-François-Antoine, né à Paris le 14 avril 1816, qui fut élevé à Turin; comme sa mère et sa grand'mère n'étaient point princesses, il ne pouvait avoir rang de prince du sang à la cour de Piémont; mais, par décret de Charles-Albert, roi de Sardaigne, en date du 28 avril 1834, il fut déclaré prince de Savoie-Carignan et habile à succéder au trône, en cas d'extinction de la branche régnante; depuis, il fut nommé successivement grand amiral, lieutenant général du royaume en 1848 et 1849, pendant les campagnes de Lombardie; en 1859 et en 1866, le roi Victor-Emmanuel, avant son départ pour l'armée, conféra au prince de Savoie-Carignan le même titre de lieutenant général du royaume, lui donnant pleins pouvoirs pour signer toute espèce de lois et décrets, et d'exercer tous actes de la puissance souveraine. Nommé lieutenant du roi à Naples en 1861, il se fixa dès lors dans cette ville. D'un mariage morganatique, il eut trois fils et quatre filles survivants; peu de temps avant sa mort, arrivée à Turin le 16 décembre 1888, le roi d'Italie régla la situation des enfants du prince en leur concédant le titre de *Conte di Villafranca Soissons*.

On a vu que le prince Joseph-Marie de Carignan avait adressé le 9 février 1805 une demande à Louis Bonaparte pour être placé dans l'armée impériale; son avancement fut rapide, avons-nous dit; en effet, il devint successivement sous-lieutenant, lieutenant et capitaine; en 1807, il était nommé adjudant-major et chevalier de la Légion d'honneur; en 1810, il était promu major, officier de la Légion d'honneur et créé baron; à ce sujet, voici ce que nous trouvons dans la *Correspondance* de Napoléon Ier (t. XX, p. 495) :

« Note pour le ministre des Finances, datée de Saint-Cloud, 23 juin 1810. « J'ai institué deux majorats en faveur de la « maison Carignan, l'un de comte avec un revenu de cent « mille francs de rente sur le grand-livre pour Albert-Charles « de Carignan, l'autre de baron avec un revenu de cinquante « mille francs de rente également sur le grand livre pour « Joseph de Savoie. »

En 1814, il devenait colonel du 6e régiment de hussards et comte de l'empire; le 18 juillet de la même année, le roi Louis XVIII le nommait chevalier de Saint-Louis. Il continua de servir la France sous la restauration et, le 7 octobre 1820, il était reçu en audience par le roi en qualité de colonel du 2e régiment de hussards de la Meurthe. Le 25 avril 1821, il était promu maréchal de camp; le *Moniteur* du 12 octobre suivant insérait à ce sujet l'information suivante : « Les officiers du régiment des hussards de la Meurthe, en garnison à Arras, ont fait présent à M. le prince de Carignan, leur premier colonel, promu au grade de maréchal de camp, d'une riche et superbe épée. Le moment où ce colonel s'est séparé de son régiment a été très attendrissant. Jamais chef ne fut plus aimé et plus regretté de son corps. »

Au mois de juin 1822, le prince de Carignan était nommé inspecteur général de cavalerie[1]. Il mourut le 16 octobre 1825; le *Moniteur* du 17 contenait à ce sujet les deux lignes suivantes : « Le prince de Carignan vient de mourir dans sa terre près Paris d'une apoplexie foudroyante. » Le lendemain, il donnait plus de détails : « M. le prince Joseph de Savoie-Carignan, dont nous avons annoncé hier la mort subite, était cousin germain de l'héritier présomptif de la couronne de Sardaigne, et gendre de M. le duc de la Vauguyon. Il revenait d'une maison de campagne aux environs de Saint-Denis. En arrivant à son hôtel, rue Verte, n° 24, ses gens l'ont trouvé mort dans sa voiture, où il avait été frappé d'un coup de sang. Il était âgé d'environ quarante ans. » Et le même journal rendait compte en ces termes le 19 octobre des funérailles du prince : « Les obsèques de S. A. le prince Joseph de Savoie-Carignan ont eu lieu hier matin à Saint-Philippe du Roule. Le prince Théodore de Bauffremont menait le deuil comme étant le plus proche parent de ce prince se trouvant à Paris. »

La princesse de Carignan, à laquelle le roi de Sardaigne, Charles-Félix, enleva la garde de ses enfants, se retira à l'hôtel de Praslin à Auteuil[2], où elle s'occupa d'œuvres pies; elle y fut brûlée vive le 10 février 1829. Le *Moniteur* du 14

---

1. Cette même année, M. Dupin présenta au roi Louis XVIII, au nom du duc de la Vauguyon et de sa fille, un mémoire tendant à faire déclarer prince Joseph-Marie de Savoie-Carignan. Ce mémoire n'eut aucun effet; c'est seulement douze ans plus tard que le petit-fils du duc de la Vauguyon obtint ce titre refusé à son père.
2. Aujourd'hui, rue du Point-du-Jour, 57.

rendit compte en ces termes de ce funeste accident : « La princesse de Carignan, née de la Vauguyon, veuve du prince de Carignan, maréchal de camp, mort il y a quelques années, vient de périr d'une manière tragique à Auteuil. Cette dame lisait le soir auprès de sa cheminée ; le feu a pris à ses vêtements : effrayée, elle a gagné une porte qui ouvrait sur le jardin, mais le mouvement même a augmenté l'incendie, et la princesse est morte à moitié consumée. Elle était âgée de quarante ans. »

Le mardi 3 mars, le même journal publiait l'article nécrologique suivant :

« La consternation dans laquelle a jeté la mort de S. A. Mme la princesse de Carignan n'a pas encore permis de parler d'elle.

» Mlle de la Vauguyon appartenait à l'ancienne et illustre maison de la Vauguyon ; dès son enfance, elle suivit avec toute sa famille le sort des princes de la maison de Bourbon, qui venait de quitter la France ; elle fut élevée en Espagne sous les yeux de son père, feu M. le duc de la Vauguyon, jusqu'au moment où les princes engagèrent ceux de leurs plus fidèles serviteurs qui n'avaient pas d'existence au dehors à rentrer en France. Mlle de la Vauguyon avait alors seize ans ; elle était belle par admiration, quelque chose de triste et de mélancolique animait ses traits et inspirait de l'inrérêt à toutes les personnes qui la voyaient ; plusieurs grands partis lui furent offerts. Son imagination la porta à préférer les hasards qui étaient attachés à la fortune du jeune prince de Carignan, qui, à une figure distinguée, joignait de s'appeler Eugène de Savoie. Elle eut de ce mariage trois enfants, et c'est alors qu'elle ne pensa plus à tous les avantages avec lesquels elle avait paru dans le monde ; l'éducation de ses enfants devint son unique occupation, j'oserais presque dire sa carrière ; car, après les avoir nourris tous, elle ne vécut que pour eux. Elle se sépara du monde et ne voulut plus se servir de cet esprit brillant qui l'avait fait remarquer dès ses premières années que pour rendre plus faciles toutes les leçons qu'ils prenaient avec elle. Les soins que leurs âges où leurs santés réclamaient leur étaient prodigués; si elle faisait une démarche, si elle écrivait une lettre, c'était toujours ses enfants qui en étaient l'objet; elle vivait dans leur avenir, et cet avenir, mêlé jusqu'alors de tant de traverses, commençait à s'annoncer d'une manière plus douce, les peines approchaient de leur terme, toute sa maternité était près de recevoir sa récompense.

» Le dimanche 8 février, elle recevait la nouvelle qu'il lui était permis de se rapprocher de ses enfants. Elle put enfin verser des larmes de joie ! Et, c'est dans cette nouvelle disposition d'âme que la mort la plus cruelle vient, le 10 du même mois, l'enlever à ses enfants, à sa famille et arracher au monde ce grand exemple de courage, de piété et de résignation. »

La veuve du prince Eugène-Marie-Louis-Hilarion de Savoie-Carignan, après avoir vu mourir successivement son mari, son fils et sa bru, est décédée en 1834 à l'âge de soixante-et-onze ans à Paris, où elle s'était retirée depuis fort longtemps. Elle fut inhumée dans le cimetière de Picpus, à Paris, auprès de la tombe de son fils, le prince Joseph-Marie de Savoie-Carignan, et de la tombe de sa belle-fille, née de Quelen de la Vauguyon.

Au mois d'août 1889, ces trois corps et celui du prince Eugène de Savoie-Carignan étaient exhumés par ordre du roi d'Italie.

La fin de cette notice était sous presse quand, par l'entremise de notre excellent ami, M. Victor Advielle, nous avons été mis en rapport avec l'un des témoins de ces différentes exhumations; c'était pour nous une bonne fortune inespérée. M. le marquis de Rivoire la Batie, commandeur des SS. Maurice et Lazare, auteur du remarquable et consciencieux *Armorial du Dauphiné* et de plusieurs autres ouvrages estimés, assista à l'enlèvement des corps des princes et des princesses de Savoie-Carignan en 1889 [1]; c'est à son extrême obligeance et à sa parfaite bonne grâce — dont nous lui sommes vivement reconnaissant — que nous devons les renseignements qui vont suivre et le tableau généalogique ci-joint.

Le 5 août 1889 avait lieu dans l'église de Domart-sur-la-Luce l'exhumation du prince Eugène de Savoie-Carignan, comte de Villefranche; son cercueil fut accompagné jusqu'aux limites de la commune par M. le curé d'Hangard, desservant de Domart, et par la population de ce village; arrivée à Amiens, la bière fut placée dans un wagon et dirigée sur Paris; elle fut réunie, dans le cimetière de Picpus, aux trois cercueils contenant les restes du prince Joseph-Marie, ceux de sa femme et de sa mère; cette réunion eut lieu en présence du chancelier du consulat d'Italie, du commissaire du quartier, de M. le marquis de Rivoire et de M. le comte de Borniol. Ces deux derniers accompagnèrent le même jour les quatre cercueils jusqu'à la gare de Paris-Lyon, où les bières furent placées dans un même wagon tendu de noir; M. le comte de Borniol les accompagna jusqu'à Turin.

Arrivés à Turin le mercredi 7 août à neuf heures quarante du soir, les restes des princes et des princesses de Savoie-Carignan ont été reçus à la gare par Mgr Valerio Anzino, chapelain de S. M., et par plusieurs notabilités.

Les quatre cercueils, placés dans un fourgon et suivis par un carrosse de la maison du roi, dans lequel avaient pris place Mgr Anzino et M. de Borniol, ont été conduits à la métropole, où les attendaient un grand nombre de personnages de

---

[1]. Par une coïncidence des plus bizarres, nous avons passé en 1889 une partie de nos vacances à Paris, et, le 6 août, nous traversions le cimetière de Picpus sans nous douter que, trois ans plus tard, nous aurions à parler des exhumations qui venaient d'avoir lieu.

marque et de membres du clergé ; les valets de pied de la cour, en grande tenue, formaient la haie.

Les cercueils, précédés et suivis de serviteurs, ont été descendus par eux dans la chapelle souterraine et placés sur un drap noir dans l'ordre suivant :

Prince de Savoie-Carignan comte de Villefranche	Princesse de Savoie-Carignan comtesse de Villefranche
Prince de Savoie-Carignan	Princesse de Savoie-Carignan

A l'office chanté, que célébrait M. le chanoine Peletta, assistaient Mgr Anzino, chapelain-major de S. M., et Mgr Antonelli, chapelain du Roi ; les valets de pied, tous en grande tenue, tenaient chacun un cierge à la main.

A l'issue de la cérémonie, un peu avant minuit, les cercueils ont été conduits au caveau préparé pour les recevoir.

Mgr Anzino a ensuite réuni dans un salon les membres du clergé et les notabilités au nombre de vingt environ, qui ont, après lecture faite à haute voix par Mgr Antonelli, signé le procès-verbal de réception des cercueils et de dépôt provisoire.

Charles-Emmanuel le Grand, duc de Savoie, mort en 1610, avait épousé en 1585 Marguerite d'Autriche dont il laissa, entre autres enfants :

Branche de Savoie-Carignan

Ligne aînée	Ligne de Carignan	Branche de Soissons
Victor-Amédée Ier, duc de Savoie, roi de Chypre et de Jérusalem, proclamé le 1er janvier 1633. Il avait épousé en 1618 Christine de France (madame Royale) fille de Henri IV et de Marie de Médicis.	Maurice de Savoie, cardinal, se démit de la pourpre et épousa en 1642 Louise de Savoie, sa nièce. Il fut un protecteur généreux des sciences et des lettres.	Thomas-François de Savoie, prince de Carignan, épousa le 14 avril 1625 Marie de Bourbon-Soissons, morte à Paris le 3 juin 1692, fille de Charles de Bourbon, comte de Soissons, et d'Anne de Montafié. Ce mariage le mit en 1641 en possession du comté de Soissons, après la mort de son beau-frère.
Victor-Amédée épousa en 1618 Christine de France.	Emmanuel-Philibert (sourd-muet), prince de Carignan, fit construire le nouveau palais sur la place de Carignan à Turin ; prince d'une sagacité et d'une étendue d'esprit vraiment extraordinaires ; il épousa en 1684 Angélique-Catherine d'Este.	Eugène-Maurice de Savoie-Carignan, comte de Soissons, lieutenant général des armées du roi, capitaine des Suisses et des Grisons, gouverneur de Champagne et Brie. Ce fut en sa faveur que la terre d'Ivoy, au duché de Luxembourg, fut érigée en duché sous le nom de Carignan ; il épousa en 1657 Olympe Mancini.

Entre autres

Charles-Emmanuel II, épousa : 1° en 1663, Françoise d'Orléans, morte en 1664 ; 2° Jeanne-Baptiste de Savoie-Nemours en 1665, morte en 1724.	Victor-Amédée de Savoie, prince de Carignan, chevalier de l'Annonciade, né en 1690, lieutenant général des armées du roi de Sardaigne, mort en 1741, avait épousé le 7 novembre 1714 Victoire-Marie-Anne, légitimée de Savoie.	Louis-Thomas, comte de Soissons, maréchal de camps et armées, colonel du régiment de Soissons, général d'artillerie, tué au siège de Landau en 1702, avait épousé en 1682 Uranie de la Cropte de Chanteraс.	Eugène-François (le célèbre prince Eugène).
Victor-Amédée II, roi de Sardaigne, épousa en 1732 Anne d'Orléans.	Louis-Victor-Amédée-Joseph de Savoie, prince de Carignan, chevalier de l'ordre suprême de l'Annonciade et lieutenant général des armées du roi de Sardaigne, né en 1721, mort le 6 décembre 1778, épousa le 4 mai 1740 à Paris Christine-Henriette de Hesse-Rheinsfeld.	Thomas-Emmanuel-Amédée de Savoie-Carignan, comte de Soissons, épousa en 1713 Thérèse-Anne de Lichtenstein.	

| Charles-Emmanuel III, épousa : 1° en 1722, Christine de Bavière, morte en 1724, Polixène de Hesse-Rheinsfeld ; 3° en 1737, Elisabeth de Lorraine. | Victor-Amédée-Louis-Marie-Wolfgang, né le 31 octobre 1743, mort le 20 septembre 1780, épousa le 3 novembre 1768 Marie-Thérèse-Joséphine de Lorraine-Armagnac ; il était prince de Carignan, général d'infanterie du roi de Sardaigne. | Thomas-Maurice, mort en bas âge. | Eugène-Marie-Louis-Hilarion, comte de Villafranca, né le 21 octobre 1763, mort à Domart le 4 juin 1785 ; marié en 1779 à Elisabeth-Anne Magon de Boisgarein, morte à Paris le 19 juillet 1834. | Charlotte-Marie-Louise, née en 1742, morte en 1797. | Léopoldine-Marie, née en 1764, mariée en 1767 au prince Jean-André Doria-Pamphili-Landi. | Polyxène-Marie-Anne, née en 1746, morte religieuse en 1752. | Gabrielle, née en 1748, mariée en 1769 au prince Ferdinand de Lobkowitz. | Marie-Thérèse-Louise, princesse de Lamballe. | Catherine, mariée en 1780 au prince Philippe-Joseph Colonna, grand connétable. | Eugène-François de Savoie-Carignan, duc de Troppau, mourut fiancé en 1734 à Marie-Thérèse Cibo, des ducs de Massa. Sa mort sans postérité ramena la succession et des biens à la branche aînée de Savoie-Carignan. |

| Victor-Amédée III, roi de Sardaigne, épousa en 1750 Marie-Antonia de Bourbon d'Espagne. | Charles-Emmanuel, prince de Savoie-Carignan, né le 24 octobre 1770, mort à Chaillot le 16 août 1800, transféré à la Juperga en 1835, avait épousé en 1797 Marie-Christine-Albertine de Saxe, morte à Paris le 24 nov. 1851, remariée avec Jules-Maximilien-Thibaut, prince de Montléart. | Joseph-Marie, prince de Savoie-Carignan, né le 30 octobre 1783, marié à Paule-Benoîte de la Vauguyon, morte à Auteuil le 10 février 1829. |

| Charles-Emmanuel IV épousa en 1775 la bienheureuse Marie-Clotilde de France ; abdiqua en 1802. | Victor-Emmanuel épousa en 1789 Marie-Thérèse d'Autriche-Este. Abdiqua en 1821. | Charles-Félix épousa en 1807, Marie-Christine de Bourbon de Naples. *Sa mort sans enfants ramène la couronne à la branche de Carignan.* | Charles-Albert, roi de Sardaigne, né à Turin le 2 août 1793, épousa en 1817 Marie-Thérèse de Toscane. | S. A. R. Eugène-Emmanuel, prince Eugène de Savoie-Carignan ne laissa qu'une descendance morganatique, c^{te} de Soissons et Villafranca. | Marie-Gabrielle, mariée en 1827 au prince Victor Massimo. | Marie-Victoire-Louise-Philiberte, mariée le 1er juin 1837 à Léopold de Bourbon, comte de Syracuse. |

Victor-Emmanuel roi d'Italie	Le duc de Gênes
Humbert, roi d'Italie	Pedro d'Aoste

APPENDICE

L'ÉGLISE DE DOMART-SUR-LA-LUCE

L'ÉGLISE de Domart est sous le vocable de Saint-Médard. La partie la plus ancienne de cet édifice est le portail, qui paraît dater du XIVe siècle. Il se compose de trois voussures ogivales bordées de belles moulures supportées de chaque côté par trois colonnes légères, à base octogone; les tailloirs des chapiteaux affectent également cette forme; sur les tympans se voient des branches de chêne avec leurs glands et des feuillages délicatement sculptés. On remarquait encore dans ces dernières années une fort belle statue de la Vierge placée sur une console du tympan central; cette statue, qui fut transportée dans l'école des filles, a été remplacée par une statue de saint Maur. Ce portail, qui devait être de toute beauté, est de dimensions fort modestes; son état de conservation laisse quelque peu à désirer.

Le clocher, qui renferme trois cloches, est surmonté d'une flèche hardie et élancée, qui s'annonce de très loin. Il est porté en partie et à faux sur le chœur, ce qui offre un danger permanent pour la voûte.

Les trois cloches ont été fondues en 1860. L'une d'elles porte l'inscription suivante :

En 1860, j'ai été bénite par M. Voclin, doyen de Moreuil, assisté de M. Reveillon, curé. J'ai été nommée Benjamine-Célina par M. Emmanuel-Benjamin Madaré, maire, et par dame Célina Basard, son épouse.

Dans son *Hagiographie du diocèse d'Amiens*, t. IV, p. 507, M. l'abbé Corblet rapporte une plaisante anecdote.

« On raconte, dit-il, ou du moins on racontait jadis à Domart-sur-la-Luce, que, si le clocher est fortement incliné, la faute en est au cheval de saint Martin, qui y avait été attaché par son maître, alors que la plaine était couverte d'un tel amas de neige que le clocher seul en émergeait. C'est là, du moins, ce que nous contait, il y a quarante ans, un vieillard du pays, qui ne paraissait pas trouver le fait invraisemblable. »

On remarque à l'extérieur de l'église, du côté du cimetière, les restes d'une litre, au milieu desquels se trouvent, en plusieurs endroits, les armes, peintes en rouge, de la famille de Baynast ; la forme de l'écusson, qui est losangique, rappelle celle du fuseau ou de la quenouille ; cette litre fut donc peinte à l'occasion du décès d'une demoiselle de la famille de Baynast.

Du côté de la rue, on remarque, gravée sur un grès du soubassement du sanctuaire, la date de M V^c XII. Le chœur présente en effet tous les caractères de cette époque : moulures prismatiques autour des fenêtres et dans leurs baies, meneaux et nervures de style flamboyant; malheureusement, il ne reste plus de ceux-ci que les amorces.

La voûte du chœur offre plusieurs clefs pendantes, avec des oves sur les nervures ; l'une des clefs porte les armes de la famille de Villers-Saint-Pol.

Une couronne de pierre, qui pendait de la voûte de l'abside, était si délicatement travaillée qu'on la croyait en bois, au dire du P. Daire et de D. Grenier; elle n'existe plus aujourd'hui.

L'église de Domart devait être pourvue primitivement de deux bas-côtés. Il ne reste actuellement que le bas-côté gauche, qui est fort étroit; entre les ogives qui le séparent de la nef sont des dais pyramidaux d'une certaine élégance.

On remarque dans la nef, à droite, la date de M V^c VIII et deux beaux anges pleureurs en marbre blanc.

Voici l'inscription en lettres d'or que l'on voit sur une plaque de marbre noir :

DANS CETTE ÉGLISE A ÉTÉ INHUMÉ LE Ier JUILLET 1785
S. A. S. MGR LE PRINCE EUGÈNE-MARIE-LOUIS-
HILARION DE SAVOIE-CARIGNAN, COMTE DE VILLEFRANCHE,
SEIGNEUR DE DOMART-SUR-LA-LUCE, COLONEL DU
RÉGIMENT DE SAVOIE-CARIGNAN, BRIGADIER DES ARMÉES
DU ROI AU SERVICE DE FRANCE, CHEVALIER DE L'ORDRE
SUPRÊME DE L'ANNONCIADE, NÉ à TURIN LE 21 OCTOBRE
1753, MORT à DOMART-SUR-LA-LUCE LE 30 JUIN 1785.
CE PRINCE A LAISSÉ D'IMPÉRISSABLES SOUVENIRS DE
PIÉTÉ, DE VALEUR ET DE BIENFAISANCE.
SON CORPS, EXHUMÉ LE 5 AOUT 1889, PAR ORDRE DE
S. M. LE ROI HUMBERT Ier D'ITALIE, A ÉTÉ TRANSPORTÉ
DANS LES CAVEAUX DE LA CATHÉDRALE DE TURIN, OU IL
A ÉTÉ DÉPOSÉ LE 7 AOUT 1889.

Cette plaque a été posée par ordre du roi d'Italie, qui doit en outre offrir un vitrail à l'église de Domart.

Les statues qui méritent d'attirer les regards sont celle de saint Médard, placée sur la chaire, et celle de saint Fiacre, patron des jardiniers, qui se trouve dans le chœur.

Le tableau du maître-autel, représentant l'*Adoration des*

Mages, est une affreuse croûte, suivant le mot consacré. Mais les deux toiles peintes qui représentent saint Pierre et saint Paul ne sont pas sans mérite ; elles sont l'œuvre d'un amateur amiénois.

On gardait autrefois dans l'église de Domart, dit D. Grenier, une relique de saint Focon, qui, paraît-il, avait été volée à l'époque où le patient Bénédictin recueillait ses notes sur la Picardie.

Les registres de la paroisse remontent à 1666 ; nous avons pu reconstituer la suite des curés depuis cette époque jusqu'à la Révolution [1].

N... Levasseur, 16.. à 1686.

Charles Dugardin, 1686 à 1689.

Pierre Mariette, 1689 à 1730. Dans la déclaration des biens de la cure qu'il fournit le 2 décembre 1729, il fit connaître que le presbytère avait été brûlé avec une partie du village dans un incendie arrivé le 16 septembre 1722. Le feu consuma tous ses grains avec la plus grande partie de son mobilier et de sa bibliothèque. « Depuis lors, dit-il, je couche dans un chétif taudis, où il pleut comme dans la rue, et je n'ai pu obtenir le rétablissement de mon presbytère [2]. »

N... Benoist, 1730 à 1746.

Nicolas Foré, — et non Lozé — 1746 à 1752.

Joseph Pourchel, 1752 à 1783. Il mourut à Domart à l'âge de quatre-vingt-un ans.

N... Racine, 1783 à 1791. Dans les derniers actes rédigés par lui, il ajoutait sous sa signature : « Pasteur légitime de Domart », car il y avait alors dans cette paroisse un prêtre assermenté, nommé Bellancourt. Ces deux curés luttèrent pendant quelque temps ; mais l'abbé Racine quitta Domart en 1791.

---

1. Jehan de Corbie, doyen de Fouilloy, était curé de Domart en 1489. (J. Roux, *Histoire de Saint-Acheul*)

2. F.-I. Darsy, *Bén. de l'égl. d'Am.*, t. Ier, p. 266, note 4.

En 1222, Hugues, abbé de Saint-Acheul, acheta le tiers de la dîme de Domart ; deux ans plus tard, il fit l'acquisition du sixième de celle de Hourges.

Le 8 août 1548, Jacques du Chemin, abbé de Saint-Acheul, afferme la dîme de Domart à Jean de Monchy, curé de Hourges. Dans le bail, on remarque cet intéressant serment : « Promettans ledit seigneur abbé en parole de prélat, les religieux sur les vœux de leur religion, et iceluy preneur en parole de prestre, à non jamais aller encontre. »

D'après une charte de 1109, on voit que Geoffroy, évêque d'Amiens, confirma à l'abbaye de Saint-Acheul la possession des autels de Domart et de Hourges, alors unis. En 1143, l'évêque Guarin accorda la même confirmation.

L'abbaye de Saint-Acheul prenait les deux tiers et le curé de Domart l'autre tiers de toutes les oblations et offrandes qui se faisaient à Noël, à la Purification et à Pâques communiaux dans l'église de Domart ; les menues dîmes se partageaient dans les mêmes proportions.

L'abbé de Saint-Acheul percevait 5 gerbes de dîmes sur le terroir de Domart, celui de Saint-Fuscien en percevait 3, et le curé du lieu en percevait la 9e. La dîme des vignes des champs se partageait de la même manière.

Sur le terroir de Mons, qui comprenait 348 journaux, ni les religieux de Saint-Acheul ni le curé de Domart ne percevaient aucune dîme, mais sur le terroir moitié Mons moitié ville, se composant de 356 journaux, le couvent de Saint-Acheul, celui de Saint-Fuscien et le curé de Domart se partageaient la moitié de la dîme dans les mêmes proportions que ci-dessus [1].

La chapelle Saint-Augustin, en la cathédrale d'Amiens, avait une branche de dîmes sur Domart, qui lui rapportait soixante livres ; elle devait réparer le chœur et le clocher de l'église de Domart. — Le 22 janvier 1714, la demoiselle

---

[1]. J. Roux, *Histoire de l'abbaye de Saint-Acheul*, p. 349.

Marie Lefébure, demeurant à Amiens, donna vingt journaux de terre situés à Domart au couvent des Feuillants, à la charge d'une rente viagère. *(Bén. de l'égl. d'Am.)*

La cure était à la présentation de l'abbé de Saint-Acheul, par titres de 1120, 1143 et 1150. Suivant le P. Daire, l'abbé de Saint-Acheul dîmait avec celui de Saint-Fuscien, le chapelain de Naours, le seigneur d'Hangard et le curé par l'abandon que fit de sa gerbe l'abbaye de Corbie en 1690 et en vertu d'une sentence du bailliage d'Amiens du mois d'avril 1734. Le P. Daire se trompe en mettant le chapelain de Naours au nombre des gros décimateurs; il faut lire le chapelain de Saint-Augustin, comme le fait observer M. Darsy.

A plusieurs reprises, des contestations s'élevèrent entre les gros décimateurs. Pour porter remède à toute difficulté, le curé de Domart se rendit locataire de toutes les portions de dîmes « et remit à chacun une somme déterminée, retenue faite de sa portion congrue. » *(Bén. de l'égl. d'Am.)*.

D'après un dénombrement de l'abbaye de Saint-Fuscien, fourni en 1384, on voit que les religieux avaient à Domart « porcion des grosses dismes, lesquelles sont baillées à ferme et en rent-on présentement pour cascun an trois muys de grain, moitié blé et l'autre avoine, à le mesure dudit lieu[1]. »

Selon D. Grenier, le revenu de la cure était de cinq cents livres, et celui de la fabrique, de trois cents livres.

1. Arch. nat. P. 137, f° 50.

www.ingramcontent.com/pod-product-compliance
Lightning Source LLC
LaVergne TN
LVHW051500090426
835512LV00010B/2249